Ejercicios de Lógica

DESARROLLADOS Y EXPLICADOS

La Bisagra | Buenos Aires | 2010

Pichon Rivière, Rocío
    Ejercicios de lógica : desarrollados y explicados . - 1a ed.
    Buenos Aires : La Bisagra Editorial, 2010.
    v. 2, 64 p. ; 17x11 cm.

    ISBN 978-987-1719-20-4

    1. Lógica. I. Título
    CDD 160

Colección Técnicas de Estudio
Director de la colección › Lic. Mauricio E. Fau

Mauricio Fau se graduó en la Licenciatura en Ciencia Política en la Universidad de Buenos Aires, UBA. Cursó también estudios de grado en la Carrera de Derecho de la UBA y en la Carrera de Periodismo de la Universidad de Morón.

Asimismo realizó materias de posgrado de la Maestría en Ciencias Sociales con especialización en Ciencia Política de la Facultad Latinoamericana de Ciencias Sociales, FLACSO.

Asistió a diversos talleres y seminarios en instituciones educativas, entre ellas el Instituto Argentino de Desarrollo Económico, IADE.

Representando a FLACSO participó con una ponencia en las Jornadas Nacionales Nietzsche 1994 y su exposición forma parte del libro alusivo, editado por la Editorial Universitaria de Buenos Aires, EUDEBA. Ha colaborado también con publicaciones vinculadas a las Ciencias Sociales y co-dirigió programas radiales de temática histórico-política.

Profesionalmente, se desempeñó como docente de la Carrera de Ciencia Política de la UBA y actualmente es Director Académico de La Bisagra Editorial y autor de numerosos libros de temática universitaria.

Derechos exclusivos © 2010, La Bisagra Editorial.
Tonelero 5971, CP 1408, CABA, 4642-3802.
Impreso en Arieimpresores, Mariano Acha 2415 (1430), C.A.B.A., en el mes de septiembre de 2010.

1° reimpresión en esta colección: 500.
Hecho el depósito que prevé la ley 11.723
Impreso en Argentina

Diseño de tapa e interior: María Eugenia Vigna
Ilustración de tapa: Leandro Fernández Fau

Índice

INTRODUCCIÓN

Ejercicios de lógica proposicional
explicados paso a paso
ROCÍO PICHON RIVIÈRE

Este libro está pensado para un estudiante que se inicia en temas de lógica y que, por tanto, tiene que ejercitarse en la aplicación de las definiciones básicas de esta disciplina. Las respuestas a los ejercicios se ofrecen al final de cada sección con el objetivo de que el lector resuelva los ejercicios antes de consultarlas. El camino inverso (consultar primero las respuestas y después resolver los ejercicios) no es recomendable porque se corre el riesgo de haber memorizado las soluciones sin una comprensión cabal de cómo resolver en general todo tipo de ejercicios semejantes.

En lógica, la comprensión de los conceptos y la capacidad de resolver problemas o ejercicios está estrechamente ligada. Por ejemplo, no se comprende la definición de lo que es un razonamiento válido si no se sabe, frente a un razonamiento sencillo, la manera de establecer su validez o invalidez. Por esta razón la ejercitación es tan importante.

Nuestra propuesta es que el lector siga el camino más difícil, el que le va a permitir desenvolverse con éxito en un parcial universitario y, por sobre todo, desarrollar su capacidad crítica frente a los razonamientos que circulan en las situaciones cotidianas, los diarios, los libros, la radio y la televisión.

Los ejercicios han sido creados según las exigencias de los programas de IPC de las diferentes cátedras de la UBA. Los ejercicios son comunes a todos los programas a excepción de los siguientes ejercicios que son específicos de algunas cátedras en las que se dedica especial atención a otras nociones de lógica más sofisticadas:

✱ Los ejercicios 4 y 5 de la Sección III (que sólo forman parte de los programas de IPC/Cátedra Gaeta y de Metodología de la ciencia/ Cátedra Gaeta).

Estos ejercicios están marcados con un asterisco. Debido a que los programas son modificados permanentemente, se sugiere al lector que mire esos ejercicios para comprobar que exceden los contenidos de la cátedra que ha elegido, aunque no se trate de una de las cátedras indicada.

Hay diferentes símbolos para expresar cada una de las conectivas lógicas. La autora se ha visto obligada a escoger una de las convenciones. En el apéndice I el lector encontrará la lista y la "traducción" de los símbolos que se han elegido aquí. Además se ofrecen en ese apéndice las definiciones de las conectivas.

Sección I

Razonamientos en el lenguaje natural: Premisas y conclusiones. Funciones del lenguaje. Validez y verdad.

Ejercicio 1: Premisas y conclusiones. En los siguientes razonamientos identifique premisas y conclusiones.

a) Todo mamífero es un animal. Entonces este cuaderno no es un mamífero, puesto que no es un animal.

b) Todo mamífero es un animal. Este cuaderno no es un mamífero. Por lo tanto, este cuaderno no es un animal.

c) Todo mamífero es un animal, puesto que este cuaderno no es un mamífero y, al mismo tiempo, no es un animal.

d) Si es verdad que todos los triángulos tienen tres lados, entonces es falso que ningún triángulo tenga tres lados.

e) Si todos los políticos fueran honestos no habría mucho desempleo. Pero hay mucho desempleo, así que no es cierto que todos los políticos sean honestos.

f) Todas las personas que conozco que fueron a Brasil dicen que es un lugar maravilloso, así que Brasil debe ser un lugar maravilloso.

g) Las personas que estudian lógica y no aplican lo que estudian a los razonamientos de la vida cotidiana sacan malas notas en los exámenes de lógica. Así que voy a aplicar lo que estudio a los razonamientos de la vida cotidiana, porque quiero sacar una buena nota.

h) Mi tía Pepa me dijo que el vino con sandía hace mal. Mi hermano me dijo que no es cierto. Pero Pepa es mucho más grande que mi hermano, así que es verdad que el vino con sandía hace mal.

Ejercicio 2: Funciones del lenguaje. Indique cuáles de las siguientes oraciones expresan una proposición.

(a) La mesa está servida.
(b) Vení para acá.
(c) Pi por radio al cuadrado.
(d) Los días jueves siempre compramos facturas.
(e) ¿Sabés qué hora es?
(f) Pi por radio al cuadrado es igual a la superficie del círculo.
(g) María está en la plaza.
(h) ¡Me duele!
(i) Indique cuáles de las siguientes oraciones significan una proposición.
(j) Nena, sos como la flor bañada en rocío que espera impávida la labor de las abejas.

Ejercicio 3: Validez y verdad. Indique si las siguientes afirmaciones son verdaderas o falsas.

a) Un razonamiento es verdadero cuando sus premisas garantizan la verdad de su conclusión.
b) Si un razonamiento es válido entonces admite contraejemplo.
c) Si un razonamiento es inválido entonces tiene conclusión falsa.

d) Si un razonamiento es válido, entonces no es cierto que tiene conclusión verdadera y premisas falsas.

e) Si un razonamiento tiene premisas verdaderas y conclusión verdadera, entonces es válido.

f) Si un razonamiento tiene premisas verdaderas y conclusión falsa, entonces es inválido.

g) Si un razonamiento es inválido, entonces tiene premisas verdaderas y conclusión falsa.

h) Si un razonamiento admite contraejemplo, entonces es inválido.

Respuestas / Sección I

Ejercicio 1

La clave para resolver estos ejercicios es reconocer los términos derivativos que indican que lo que viene a continuación es una premisa o bien indican que lo que sigue es una conclusión. Los **indicadores de premisas** son: "puesto que", "sabiendo que", "como", "ya que", "dado que", "porque", etc. Los **indicadores de conclusión** son: "por lo tanto", "entonces", "así", "se sigue que", "por ende", "ergo", etc. Además hay nexos que permiten unir premisas entre sí, como "y", "además", "pero", etc.

Atención: es frecuente que haya premisas que contengan la palabra "entonces". Por ejemplo, la primera premisa del ejercicio e). Antes de poder determinar qué expresiones son las premisas de un razonamiento es imprescindible entender el sentido general del razonamiento.

a) Premisas: 1. Todo mamífero es un animal. 2. Este cuaderno no es un animal. Conclusión: este cuaderno no es un mamífero.

b) Premisas: 1. Todo mamífero es un animal. 2. Este cuaderno no es un mamífero. Conclusión: Este cuaderno no es un animal

c) Premisas: 1. Este cuaderno no es un mamífero. 2. Este cuaderno no es un animal. Conclusión: Todo mamífero es un animal.

d) Premisa: Es verdad que todos los triángulos tienen tres lados. Conclusión: Es falso que ningún triángulo tenga tres lados.

e) Premisas: 1. Si todos los políticos fueran honestos no habría mucho desempleo. 2. Hay mucho desempleo. Conclusión: No es cierto que todos los políticos sean honestos.

f) Premisa: Todas las personas que conozco que fueron a Brasil dicen que es un lugar maravilloso. Conclusión: Brasil debe ser un lugar maravilloso.

g) Premisas: 1. Las personas que estudian lógica y no aplican lo que estudian a los razonamientos de la vida cotidiana sacan malas notas en los exámenes. 2. Quiero sacar una buena nota. Conclusión: Voy a aplicar lo que estudio a los razonamientos de la vida cotidiana.

h) Premisas: 1. Mi tía Pepa me dijo que el vino con sandía hace mal. 2. Mi hermano me dijo que no es cierto. 3. Pepa es mucho más grande que mi hermano. Conclusión: Es verdad que el vino con sandía hace mal.

Ejercicio 2

En este ejercicio se trabaja la distinción entre las distintas funciones del lenguaje:

* Función informativa
* Función expresiva
* Función directiva

Según una oración se use con una de estas funciones, se habla de oraciones informativas, expresivas y directivas. Las oraciones informativas son las que se usan en los discursos de científicos y en los razonamientos, y por tanto son las únicas que importan a la lógica. **El significado de una oración informativa se llama proposición**.

Las oraciones puramente expresivas y las directivas, en cambio, no expresan proposiciones, no expresan conocimiento. Se suele comparar a la **función expresiva** del lenguaje con el lenguaje gestual: a veces usamos las palabras para expresar sentimientos, del mismo modo que los expresamos con una sonrisa, o frunciendo el ceño. Las **oraciones directivas** se usan para hacer pedidos o dar órdenes.

Es muy frecuente que se usen oraciones con más de una función a la vez. Por ejemplo, una orden puede tomar la forma de una oración informativa : "Nadie lavó los platos hoy." Pero en este ejercicio se pide que el lector indique solamente cuál es la función principal.

Las oraciones (a), (d), (f) y (g) expresa una proposición. La oración (b) no expresa una proposición porque no es una oración informativa sino una orden. La expresión (c) no expresa una proposición porque no es una oración sino un término, y por consiguiente, no es una oración informativa. (Compare las expresiones (c) y (f).) La oración (e) no es informativa por lo que no expresa una proposición. Se puede entender (e) como una pregunta, puesto que lleva signos de interrogación, o como una orden, si se imagina que quien la formula le está pidiendo a alguien que le diga la hora. En cualquier caso, la oración (e) no es informativa. La oración (i) es una oración directiva, es decir, una orden. Por último, las oraciones (h) y (j) son oraciones expresivas.

Ejercicio 3

En este ejercicio se repasa la noción de validez de un razonamiento definida en términos de las combinaciones posibles de los valores de verdad de las proposiciones que constituyen el razonamiento. Lo que caracteriza al **razonamiento válido** es que no puede darse el caso de que todas sus premisas sean verdaderas y su conclusión falsa. Todo lo demás puede pasar: un razonamiento válido: puede tener conclusión falsa (aunque sólo si alguna de sus premisas es falsa), y puede tener premisas todas verdaderas, todas falsas o algunas verdaderas y otras falsas. Un **razonamiento inválido** admite todas las combinaciones posibles de valores de verdad de sus proposiciones componentes. Puede expresarse todo esto por medio del siguiente esquema:

Razonamientos válidos:

V	F	F
V	V	F

Razonamientos inválidos:

V	**V**	F	F
V	**F**	V	F

En el esquema se indica Con una V en la parte superior el caso en que todas las premisas son verdaderas, y con una F el caso en que al menos una de las premisas es falsa. De manera que se cubren así todas las posibilidades de los valores de verdad de las premisas. Con una V o una F en la parte inferior se indica el valor de verdad de la conclusión.

Un **contraejemplo** es un razonamiento cuyas premisas son todas verdaderas y cuya conclusión es falsa. Un contraejemplo para un razonamiento, llamémoslo R, es otro razonamiento con la **misma forma lógica** que R, cuyas premisas son todas verdaderas y cuya conclusión es falsa. Lo que muestra el contraejemplo es que todo razonamiento que tenga esa forma (incluido R) es un razonamiento inválido, porque la validez o invalidez de un razonamiento depende exclusivamente de su forma.

Antes de consultar las respuestas a los ejercicios, trate de corregirlos usted mismo a la luz de esta explicación.

a) Falsa. Un razonamiento es válido o inválido, correcto o incorrecto, pero no verdadero o falso. Son las proposiciones las que pueden ser verdaderas o falsas.

b) Falsa. Si un razonamiento es válido, entonces no admite contraejemplo.

c) Falsa. Hay razonamientos inválidos con conclusión verdadera. Por ejemplo: "Si el obelisco queda en 9 de Julio y Corrientes, entonces Gardel cantaba tangos. Gardel cataba tangos, así que el obelisco queda en 9 de Julio y Corrientes." Este razonamiento es un caso de falacia de afirmación del consecuente, con conclusión verdadera.

d) Verdadera.

e) Falsa. Un razonamiento puede tener conclusión verdadera y todas sus premisas verdaderas y aun así ser inválido.

f) Verdadera.

g) Falsa. Un razonamiento inválido admite todas las combinaciones de valores de verdad de las premisas y la conclusión. El dato de que un razonamiento es inválido no es suficiente para determinar la verdad o falsedad de las proposiciones que lo componen.

h) Verdadera. Es por esta verdad que un contraejemplo es una prueba concluyente de la invalidez de un razonamiento.

Sección II

Lenguaje natural y lenguaje artificial: Forma lógica de una proposición y de un razonamiento. Conectivas lógicas. Formalización.

Ejercicio 1: Formalización de oraciones. Formalice las siguientes oraciones reemplazando las proposiciones atómicas por letras (p, q, r, s...) y las expresiones lógicas por las conectivas correspondientes. Indique mediante un diccionario qué proposiciones atómicas a reemplazado por cada letra:

Conjución: .... "." ....
("y", "pero", "aunque", etc.)
Disyución: .... "v"...
("o", "o bien...o bien...")
Condicional: ....">"...............................("si...entonces...",
"si..., ...", "cuando...,...")
Negación: ...."¬"...................................("no", "es falso
que", "no es el caso que")

a) Arturo y Bernardo están enfermos.
Forma lógica:
Diccionario:

b) Cuando las lombrices duermen, las estrellas brillan.
Forma lógica:
Diccionario:

c) Si las estrellas no brillan, las lombrices no duermen.
Forma lógica:
Diccionario:

d) Si la semana que viene apruebo el parcial, o vamos al cine o vamos a tomar algo.
Forma lógica:
Diccionario:

e) No es cierto que los platos estén sobre la mesa y la comida esté servida.
Forma lógica:
Diccionario:

f) No es cierto que los platos estén sobre la mesa y la comida está servida.
Forma lógica:
Diccionario:

g) Amalia y Juan son vecinos.
Forma lógica:
Diccionario:

h) Siempre que voy a la facultad tomó café y fumo mucho.
Forma lógica:
Diccionario:

i) Tanto si voy a la facultad como si voy al psicoanalista, siempre fumo mucho.
Forma lógica:
Diccionario:

j) Ya sea que vaya en colectivo o caminando, voy a ir.
Forma lógica:
Diccionario:

k) O Hempel estaba equivocado y Popper tenía razón o Popper no tenía razón.
Forma lógica:
Diccionario:

Ejercicio 2: Interpretación de formas proposicionales. Interprete las siguientes formas proposicionales según el código que se ofrece a continuación.

Código:
p = Andrés fue al dentista.
q = el dentista faltó a la cita.
r = el dentista le hizo un conducto a Andrés.
s = el dentista tardó poco tiempo.
t = los otros pacientes tuvieron que esperar.

a) p . ¬q
b) p . q
c) ¬ q → r

d) $(p . \neg q) \rightarrow r$
e) $\neg p \rightarrow \neg q$
f) $(r . \neg s) \rightarrow t$
g) $s \rightarrow \neg t$
h) $t \rightarrow \neg s$
i) $(p . \neg q) \rightarrow (r \rightarrow (s \vee t))$
j) $q \rightarrow (\neg r . \neg t)$

Ejercicio 3: Interpretación de argumentos. Interprete los siguientes argumentos según el código.

Código:
$p = lluve$
$q = el\ patio\ se\ moja$

a)
$p \rightarrow q$
p
q

b)
$p \rightarrow q$
q
p

c)
$p \rightarrow q$
$\neg q$
$\neg p$

d)

p → q

¬ p

¬ q

Código:

p = *voy a ver la tele*

q = *voy a estudiar lógica*

r = *la tele se rompió*

e)

p ∨ q

¬ p

q

f)

p → ¬ q

r → ¬ p

r

q

Ejercicio 4: Contraejemplos. Invente una interpretación para cada una de las formas de razonamiento del ejercicio anterior tales que las premisas sean todas verdaderas y la conclusión falsa.

Ejercicio 5: Formalización de argumentos. Formalice los siguientes argumentos.

a) Cuando hay un clima primaveral, las personas son más permeables a las otras personas y todos están de buen humor. Cuando todos están de buen humor, hay más risas. Si las personas están más permeables a las otras personas, las conversaciones son más cálidas. Por tanto, hay más risas y las conversaciones son más cálidas, ya que hay un clima primaveral.

b) No es cierto que si estudié mucho y me presenté a un examen entonces me saco una buena nota. Porque si me presenté a un examen y estudie mucho, pero estaba nervioso, no me saco una buena nota.

c) Cuando hay poco trabajo, la gente tiene miedo de perder su trabajo. Cuando la gente tiene miedo de perder su trabajo, la gente no protesta. Por tanto, si hay poco trabajo la gente no protesta.

d) O bien voy a estudiar filosofía o bien voy a estudiar matemática, si no voy a estudiar las dos cosas. Si voy a estudiar filosofía, entonces me voy a dedicar a la docencia. Si voy a estudiar matemática, también me voy a dedicar a la docencia. Por consiguiente, me voy a dedicar a la docencia.

Ejercicio 6: Formalización de argumentos.

Advertencia: estos ejercicios sirven para confirmar que se ha entendido cómo desentrañar la forma lógica de razonamientos formulados en un lenguaje coloquial. Por lo general (aunque puede haber excepciones) en un examen del CBC los razonamientos que se ofrecen para que el alumno formalice, son razonamientos en los que la repetición de una misma proposición atómica es muy clara, porque vuelve a aparecer la misma oración exactamente.

Sí se evalúa en los exámenes el reconocimiento de que una misma proposición puede ser expresada por dos oraciones con ciertas diferencias, en los ejercicios en los que se pide hallar la forma lógica de un razonamiento de contrastación empírica. En particular: la gramática del castellano nos exige que, en una afirmación condicional, conjuguemos los verbos de cierta manera ("Si *hubiera jugado* el partido, *habríamos ganado* la copa.") y que, en una afirmación no condicional, los conjuguemos de otra manera ("No *ganamos* la copa. No *jugó* el partido.") Estas diferencias en los verbos no representan diferencias en las proposiciones.

Aquí ofrecemos razonamientos que se asemejan más a cómo hablamos, o escribimos, cotidianamente: por ejemplo, a veces no repetimos el sujeto, cuando creemos que nuestro interlocutor puede reponerlo. Por ejemplo: "Juan mintió y además *(Juan)* no quiso admitirlo." Y en general, casi todas las partes de una oración pueden omitirse en ciertos contextos.

✱ Indique si las siguientes afirmaciones son verdaderas o falsas.

a) El razonamiento "*Cuando tengo hambre, como. No comí, así que tengo hambre.*", se formaliza: p → q ; ¬q / ¬p, y es un caso de *Modus Tollens.*
b) "*Como, por lo tanto comeré*" es una tautología y su forma lógica es: p → p.
c) "*Juan o María, alguno de los dos, se copió en el examen. Juan no lo hizo, así que fue María.*" Se formaliza como: p v q; ¬ p / q.

Respuestas / Sección II

Ejercicio 1

a) Forma lógica: p . q
Diccionario:
p = Arturo está enfermo
q = Bernardo está enfermo

b) Forma lógica: p → q
Diccionario:
p = las lombrices duermen
q = las estrellas brillan

c) Forma lógica: ¬ q → ¬ p

Diccionario:

p = las lombrices duermen

q = las estrellas brillan

d) Forma lógica: p → (q v r)

Diccionario:

p = la semana que viene apruebo el parcial

q = vamos al cine

r = vamos a tomar algo

e) Forma lógica: ¬ (p . q)

Diccionario:

p = los platos están sobre la mesa

q = la comida está servida

f) Forma lógica: ¬ p . q

Diccionario:

p = los platos están sobre la mesa

q = la comida está servida

Compare las oraciones e) y f): Ambas empiezan con "No es cierto que...", que indica que se está negando lo que viene inmediatamente a continuación. En e) se está negando la conjunción de dos proposiciones. En f) sólo la primera. El indicador de esta diferencia es el verbo: e) dice "...la comida <u>está</u> servida" y f) "...<u>esté</u> servida". El verbo de e) está en indicativo y el de f) en subjuntivo.

g) Forma lógica: p

Diccionario:

p = Amalia y Juan son vecinos

Compare las oraciones g) y a): La oración g) no puede separarse en dos proposiciones atómicas porque no tiene sentido decir "Juan es vecino" a secas. Es cierto que podrían separarse "Juan es vecino de Amalia" y "Amalia es vecina de Juan", pero las dos oraciones significan lo mismo, porque Amalia no puede ser vecina de Juan sin que Juan sea vecino de Amalia, y viceversa. Por esta razón se ha convenido formalizar (en lógica proposicional) oraciones como ésta, en las que se afirma una relación recíproca entre dos individuos, como proposiciones atómicas.

h) Forma lógica: p → (q . r)
Diccionario:
p = voy a la facultad
q = tomó café
r = fumo mucho

La oración h) significa lo mismo que "Si voy a la facultad, tomó café y fumo mucho" y que "Cuando voy a la facultad, tomó café y fumo mucho". Las tres son oraciones condicionales de la misma forma, que no afirman que yo ahora voy a la facultad ni tampoco que estoy tomando un café y fumando mucho, sino que dicen que cada vez que haga lo primero, haré lo segundo.

i) Forma lógica: (p v q) → r
Diccionario:
p = voy a la facultad
q = voy al psicoanalista
r = fumo mucho

j) Forma lógica: (p v q) → r
Diccionario:

p = voy en colectivo
q = voy caminando
r = voy a ir

Compare las oraciones i) y j) que tienen la misma forma lógica.

h) Forma lógica: $(p \cdot q) \vee \neg q$
Diccionario:
p = Hempel estaba equivocado
q = Popper tenía razón

Ejercicio 2

a) Andrés fue al dentista y el dentista no faltó a la cita.

b) Andrés fue al dentista pero el dentista faltó a la cita.

c) Si el dentista no faltó a la cita, entonces le hizo un conducto a Andrés.

d) Si Andrés fue al dentista y el dentista no faltó a la cita, entonces el dentista le hizo un conducto a Andrés.

e) Si Andrés no fue al dentista, entonces el dentista no faltó a la cita.

f) Si el dentista le hizo un conducto a Andrés y no tardó poco tiempo, entonces los otros pacientes tuvieron que esperar.

g) Si el dentista tardó poco tiempo, entonces los otros pacientes no tuvieron que esperar.

h) Si los otros pacientes tuvieron que esperar, entonces el dentista no tardó poco tiempo.

i) Si Andrés fue al dentista y el dentista no faltó a la cita, entonces, si el dentista le hizo un conducto a Andrés, o bien el dentista tardó poco tiempo o bien los otros pacientes tuvieron que esperar.

j) Si el dentista faltó a la cita, entonces no le hizo un conducto a Andrés y los otros pacientes no tuvieron que esperar.

Ejercicio 3

a) Si llueve el patio se moja. Llueve (está lloviendo), por lo tanto el patio se moja (está mojado).

b) Si llueve el patio se moja y el patio está mojado. Por lo tanto, llueve.

c) Si llueve el patio se moja y el patio no está mojado. Por lo tanto, no llueve.

d) Si llueve el patio se moja. No llueve , por lo tanto el patio no está mojado.

e) Voy a ver la tele o voy a estudiar lógica. No voy a ver la tele, así que voy a estudiar lógica.

f) Si voy a ver la tele entonces no voy a estudiar lógica. Pero si la tele se rompió no voy a ver la tele. Y la tele se rompió, por lo tanto, voy a estudiar lógica.

Ejercicio 4

Si hizo correctamente el ejercicio no ha encontrado una interpretación de las formas a) c) y e) en la que las premisas sean todas verdaderas y la conclusión falsa, ya que son formas válidas y por tanto no admiten contraejemplos. Hay muchas maneras de interpretar las formas inválidas de modo que las premisas sean todas verdaderas y la conclusión falsa. A modo de ejemplo, se ofrece a continuación un contraejemplo para la forma f).

Si Agustín es argentino, entonces no es venezolano. Si Agustín nació en África entonces no es argentino. Agustín nació en África. Por lo tanto, Agustín es venezolano.

Código:

p = Agustín es argentino
q = Agustín es venezolano
r = Agustín nació en África

Ejercicio 5
a) Código:

p = hay un clima primaveral

q = las personas son más permeables a las otras personas

r = todos están de buen humor

s = hay más risas

t = las conversaciones son más cálidas

p → (q . r)

r → s

q → t

p_____

s . t

b) p =estudié mucho

q =me presenté a un examen

r = me saco una buena nota

s =estaba nervioso

((p . q) . s) → ¬ r

¬ ((p . q) → r

c) p = hay poco trabajo

q = la gente tiene miedo de perder su trabajo

r = la gente protesta

p → q

q → ¬ r

p → ¬ r

d) p = voy a estudiar filosofía

q = voy a estudiar matemática

r = me voy a dedicar a la docencia

¬ (p . q) › (p ∨ q)
p → r
q → r
_____
r

Ejercicio 6

a) Falso. La correcta formalización de ese razonamiento es:

p → q
¬q
_____
p

según el siguiente código:
p = "Como" o "Comí", dos expresiones que en este razonamiento sig-
nifican la misma proposición.
q = "tengo hambre".

Los tiempos verbales de las proposiciones antecedente y consecuente de un condicional no se toman en consideración porque
el condicional se interpreta, la mayoría de las veces, como una ley
general aplicable al pasado, al presente y al futuro. Y por lo tanto,
se considera que vuelven a aparecer las mismas proposiciones, sin
valor temporal, cuando hay una pretensión de deducir algo a partir de un condicional, como sucede en este caso. (Ya que si fueran
dos proposiciones diferentes no podría inferirse mucho de las dos.)
Para optar por no tomar en cuenta el valor temporal de un verbo,
primero debe interpretarse el sentido de la afirmación castellana
en el contexto del razonamiento. Sin excepción, en cambio, tienen
valor lógico la persona (primera, segunda o tercera) y el número
(singular o plural).

b) Falso. El significado de esta oración no es "Si como entonces como" sino "Puesto que en el pasado he comido, nada me privará de comer en el futuro", que debe formalizarse como "p › q" y es contingente.

c) Verdadero. El código es:
p = Juan se copió en el examen
q = María se copió en el examen.
Y, para mayor claridad, el razonamiento se puede expresar del siguiente modo:

O bien Juan se copió en el examen, o bien María se copió en el examen.
Juan no se copió en el examen.
Por lo tanto, María se copió en el examen.

Sección III

Tablas de verdad.

Ejercicio 1: Resuelva las tablas de verdad de los siguientes pares de fórmulas y determine si son equivalentes.

a)	(1) p → ¬ q	(2) ¬ p ∨ ¬ q
b)	(1) p ∨ q	(2) ¬ (¬ p . ¬ q)
c)	(1) ¬ p . r	(2) ¬ p ∨ ¬ r
d)	(1) p › (q . r)	(2) (q . r) ∨ ¬p
e)	(1) p . (q → r)) › p	(2) ¬ p ∨ p
f)	(1) p ∨ q	(2) p → q
g)	(1) p → q	(2) (p . q) ∨ ¬ p
h)	(1) ¬ (p → q)	(2) ¬ (p . q)
i)	(1) p → ¬ q	(2) ¬ (p . q)
j)	(1) p ∨ (q . r)	(2) ¬ q → (p . r)
k)	(1) r → (p ∨ q)	(2) ¬ r ∨ (p . q)
l)	(1) p ∨ (q ∨ r)	(2) (p ∨ q) ∨ r
m)	(1) ¬ p ∨ (r → q)	(2) (r . p) → q

Ejercicio 2: método de la fórmula condicional asociada. Establezca si los razonamientos del ejercicio 3 de la Sección II son válidos o inválidos haciendo la tabla de verdad de la fórmula condicional asociada a cada razonamiento.

Ejercicio 3: Determine mediante tablas veritativas cuáles de las siguiente fórmulas son tautológicas, contingentes y contradictorias. Indique cuáles son equivalentes entre sí.

Consejo: es más fácil ver cuáles de las diferentes fórmulas son equivalentes, si se hacen todas las tablas de verdad manteniendo siempre el mismo orden de las diferentes combinaciones de valores de las fórmulas atómicas.

a) ¬ (p → (q → p)

b) (p v q) v (¬ p . ¬ q)

c) (p → ¬ q) . q

d) ¬ p . ((q v ¬ q) › q)

e) p → (p v q)

Ejercicio 4* (IPC y Metodología de la ciencia -Cátedra Gaeta): bicondicional y disyunción exclusiva. En estos ejercicios se usan dos conectivas adicionales: el bicondicional (≡) y la disyunción exclusiva (w). Determine mediante tablas veritativas cuáles de las siguiente fórmulas son tautológicas, contingentes y contradictorias. Indique qué relaciones lógicas mantienen entre ellas.

a) p → (p w q)

b) (p . (q ≡ p)) w ¬ (p . q)

c) (p ≡ q) ≡ ¬ (p w q)

d) (q → p) → (p ≡ q)

e) (p ≡ ¬ q) w ¬ (p v q)

Ejercicio 5* (IPC y Metodología de la ciencia -Cátedra Gaeta): relaciones lógicas entre proposiciones. Determine las relaciones lógicas entre cada par de proposiciones del ejercicio1 de esta sección.

Respuestas / Sección III

Ejercicio 1
Una aproximación intuitiva a la idea de tabla de verdad

Las variables proposicionales (p, q, r...) representan proposiciones simples cualesquiera, como "llueve" o "hace frío". La lógica proposicional abstrae el significado de las oraciones, esto es, no lo toma en consideración. Pero sí considera que cualquier proposición es o bien verdadera o bien falsa. Cuando tengo una sola proposición, hay dos "opciones veritativas": o bien es verdadera, o bien es falsa. Pero cuando considero dos proposiciones juntas, tengo cuatro "opciones veritativas": que las dos sean verdaderas, que sólo la primera sea verdadera, que sólo la segunda sea verdadera y por último, que ninguna de las dos sea verdadera. En el ejemplo dado, pueden suceder cuatro hechos diferentes: o bien que llueva y haga frío, o bien que llueva pero no haga frío, o bien que haga frío pero no llueva, o bien que ni haga frío ni llueva.

"Llueve"	"Hace frío"	p	q
V	V	V	V
V	F	V	F
F	V	F	V
F	F	F	F

Si se toman en consideración más proposiciones atómicas, más van a ser las diferentes maneras en que pueden combinarse los valores de todas. Una tabla de verdad completa tiene una fila para cada una de las "opciones veritativas", de modo que cuantas más proposiciones atómicas diferentes haya, mayor será el número de filas. El número de filas es dos elevado al número de proposiciones atómicas diferentes: 2ª tal que a = el número de variables proposicionales.

Vamos a desarrollar la tabla de verdad de p v (¬ p . q) a modo de ejemplo. Primero se construye la cuadrícula con el número de filas y de columnas que correspondan a las diferentes combinaciones de los valores de verdad de p y q. El número de columnas es el número de apariciones de variables proposicionales y de conectivas.

Agregamos una última fila en la que se va a indicar el orden en que se completa cada columna.

p	v	(¬	p	.	q)
V			V		V
V			V		F
F			F		V
F			F		F
1			1		1

En el siguiente paso se asigna el valor de "¬p" de acuerdo a cada valor de "p" y según la definición de la conectiva "¬". "¬p" será verdadera cuando "p" sea falsa, y será falsa cuando "p" sea verdadera. Del mismo modo que "no llueve" es falsa cuando "llueve" es verdadera, y es verdadera cuando "llueve" es falsa.

p	v	(¬	p	.	q)
V		F	V		V
V		F	V		F
F		V	F		V
F		V	F		F
1		2	1		1

Ahora que hemos asignado los valores de "¬p", podemos asignar los valores de la conjunción "(¬p . q)", es decir, la conjunción entre "¬p" y "q". Como se puede ver, es necesario entender cuál es la conectiva principal de cada subfórmula para poder hacer la tabla de verdad.

La conjunción entre dos fórmulas cualesquiera, es decir, una oración de la forma: (A . B), es verdadera sólo si A es verdadera y B es verdadera, en el resto de los casos (A . B) es falsa.

En este caso la conjunción se da entre una fórmula simple o

atómica ("q") y una fórmula compleja o molecular, a saber: "¬p".
Por esta razón, las dos columnas que hay que observar para atribuir los valores de "(¬p . q)" son las columnas que están debajo de
los signos "¬" y "q".

p	v	(¬	p	.	q)
V		F		F	V
V		F		F	F
F		V		V	V
F		V		F	F
1		2	1	3	1

Y ahora que hemos asignado los valores a "(¬p . q)", podemos
asignar los valores de la fórmula completa, que es una disyunción
entre "p" y "(¬p . q)". Una fórmula de la forma (A v B) es falsa sólo
en el caso en que tanto A como B son falsas; en el resto de los casos, (A v B) es verdadera.

p	v	(¬	p	.	q)
V	V			F	
V	V			F	
F	V			V	
F	F			F	
1	4	2	1	3	1

En el apéndice se ofrecen las definiciones de las conectivas
más frecuentes, ediante tablas de verdad.

Explicación general para hacer una tabla de verdad:

1) Poner valores de verdad a las columnas de las letras proposicionales. Los valores se ponen con el siguiente criterio: tienen que ha-

ber suficientes filas (horizontales) para agotar las diferentes combinaciones posibles de los valores de las proposiciones atómicas. El número de filas que hay que hacer es 2 a la n, siendo n el número de proposiciones atómicas diferentes (y dos el número de valores de verdad). En este caso son dos las proposiciones atómicas (p y q), por lo que el número de filas es cuatro.

2) Poner los valores en las columnas que están debajo de las conectivas que operan directamente sobre las letras proposicionales.

El valor de verdad que se escribe en la columna que está debajo del signo de la conectiva no es el valore de verdad de la conectiva (puesto que una conectiva no tiene valor de verdad, así como la expresión "no", fuera de contexto no tiene sentido ni tampoco es verdadera o falsa.) El valor de verdad que se escribe en la columna que está debajo del signo de una conectiva es el valor de verdad de la fórmula constituida por la conectiva + la fórmula que está a su derecha, en el caso de la negación, o en el caso del resto de las conectivas, es el valor de la fórmula constituida por: una letra proposicional + la conectiva + otra letra proposicional.

3) Poner los valores en las columnas que están debajo de las conectivas que operan directamente sobre las fórmulas a las que se le puso valor en el paso anterior.

4) repetir 3) hasta terminar.

A continuación, las tablas de verdad de los ejercicios. Para mayor claridad, en la última fila se indica el orden en el que se completan las diferentes columnas. Hay varias columnas con en número 1 indicando que se puede empezar con cualquiera de ellas. Lo mismo sucede con todas las columnas que tienen el número 2: una vez terminadas las columnas 1 se puede continuar por cualquiera de las columnas 2 en el orden que sea. El único orden que sí es obligatorio es el siguiente: no se puede empezar una columna 2 sin haber terminado la columna 1 correspondiente. Por ejemplo, para hacer la tabla de "p v q" primero hay que atribuir los valores a "p" y "q" y sólo entonces se atribuyen los valores a la proposición completa, según lo que corresponda dados los valores que "p" y "q" tienen en cada fila y dada la definición de la disyunción ("v"). Esto es así debido a que los valores de las columnas 1 determinan los valores de las columnas 2 y estos a su vez determinan los de las columnas 3, etc., siempre según las definiciones de las conectivas.

a)

p	→	¬	q		¬	p	v	¬	q
V	F	F	V		F	V	F	F	V
V	V	V	F		F	V	V	V	F
F	V	F	V		V	F	V	F	V
F	V	V	F		V	F	V	V	F
1	3	2	1		2	1	3	2	1

Las fórmulas son equivalentes porque tienen los mismos valores de verdad en los mismos casos.

b)

p	v	q		¬	(¬	p	.	¬	q)
V	V	V		V	F	V	F	F	V
V	V	F		V	F	V	F	V	F
F	V	V		V	V	F	F	F	V
F	F	F		F	V	F	V	V	F
1	2	1		4	2	1	3	2	1

Las fórmulas son equivalentes.

c)

¬	p	.	r		¬	p	v	¬	r
F	V	F	V		F	V	F	F	V

V	F	V	V		V	F	V	F	V
F	V	F	F		F	V	V	V	F
V	F	F	F		V	F	V	V	F
2	1	3	1		2	1	3	2	1

Las fórmulas no son equivalentes.

d)

p	→	(q	,	r)	(q	.	r)	v	¬	p
V	V	V	V	V	V	V	V	V	F	V
V	F	V	F	F	V	F	F	F	F	V
V	F	F	F	V	F	F	V	F	F	V
V	F	F	F	F	F	F	F	F	F	V
F	V	V	V	V	V	V	V	V	V	F
F	V	V	F	F	V	F	F	V	V	F
F	V	F	F	V	F	F	V	V	V	F
F	V	F	F	F	F	F	F	V	V	F
1	3	1	2	1	1	2	1	3	2	1

Las fórmulas son equivalentes.

e)

(p	.	(q	→	r))	→	p		¬	p	v	p
V	V	V	V	V	V	V		F	V	V	V
V	F	V	F	F	V	V		F	V	V	V
V	V	F	V	V	V	V		F	V	V	V
V	V	F	V	F	V	V		F	V	V	V
F	F	V	V	V	V	F		V	F	V	F
F	F	V	F	F	V	F		V	F	V	F
F	F	F	V	V	V	F		V	F	V	F
F	F	F	V	F	V	F		V	F	V	F
1	3	1	2	1	4	1		2	1	3	1

Las fórmulas son equivalentes. Además, son dos tautologías.

f)

p	v	q		p	→	q
V	V	V		V	V	V
V	V	F		V	F	F
F	V	V		F	V	V
F	F	F		F	V	F
1	2	1		1	2	1

Las fórmulas no son equivalentes.

g)

p	→	q		(p	.	q)	v	¬	p
V	V	V		V	V	V	V	F	V
V	F	F		V	F	F	F	F	V
F	V	V		F	F	V	V	V	F
F	V	F		F	F	F	V	V	F
1	2	1		1	2	1	3	2	1

Las fórmulas son equivalentes.

h)

¬	(p	→	q)		¬	(p	.	q)
F	V	V	V		F	V	V	V
F	V	F	F		V	V	F	F
V	F	V	V		V	F	F	V
V	F	V	F		V	F	F	F
3	1	2	1		3	1	2	1

Las fórmulas no son equivalentes.

i)

p	→	¬	q		¬	(p	.	q)
V	F	F	V		F	V	V	V
V	V	V	F		V	V	F	F
F	V	F	V		V	F	F	V
F	V	V	F		V	F	F	F
1	3	2	1		3	1	2	1

Las fórmulas son equivalentes.

j)

p	v	(q	.	r)		¬	q	→	(p	.	r)
V	V	V	V	V		F	V	V	V	V	V
V	V	V	F	F		F	V	V	V	F	F
V	V	F	F	V		V	F	V	V	V	V
V	V	F	F	F		V	F	F	V	F	F
F	V	V	V	V		F	V	V	F	F	V
F	F	V	F	F		F	V	V	F	F	F
F	F	F	F	V		V	F	F	F	F	V
F	F	F	F	F		V	F	F	F	F	F
1	3	1	2	1		2	1	3	1	2	1

Las fórmulas no son equivalentes.

k)

r	→	(p	v	q)		¬	r	v	(p	.	q)
V	V	V	V	V		F	V	V	V	V	V
V	V	V	V	F		F	V	F	V	F	F
V	V	F	V	V		F	V	F	F	F	V
V	F	F	F	F		F	V	F	F	F	F
F	V	V	V	V		V	F	V	V	V	V
F	V	V	V	F		V	F	V	V	F	F

F	V	F	V	V		V	F	V	F	F	V
F	V	F	F	F		V	F	V	F	F	F
1	3	1	2	1		2	1	3	1	2	1

Las fórmulas no son equivalentes.

l)

p	v	(q	v	r)		(p	v	q)	v	r
V	V	V	V	V		V	V	V	V	V
V	V	V	V	F		V	V	V	V	F
V	V	F	V	V		V	V	F	V	V
V	V	F	F	F		V	V	F	V	F
F	V	V	V	V		F	V	V	V	V
F	V	V	V	F		F	V	V	V	F
F	V	F	V	V		F	F	F	V	V
F	F	F	F	F		F	F	F	F	F
1	3	1	2	1		1	2	1	3	1

Las fórmulas son equivalentes.

m)

¬	p	v	(r	→	q)		(r	.	p)	→	q
F	V	V	V	V	V		V	V	V	V	V
F	V	F	V	F	F		V	V	V	F	F
F	V	V	F	V	V		F	F	V	V	V
F	V	V	F	V	F		F	F	V	V	F
V	F	V	V	V	V		V	F	F	V	V
V	F	V	V	F	F		V	F	F	V	F
V	F	V	F	V	V		F	F	F	V	V
V	F	V	F	V	F		F	F	F	V	F
2	1	3	1	2	1		1	2	1	3	

Las fórmulas son equivalentes.

Ejercicio 2

La fórmula condicional asociada a un razonamiento dado, es una fórmula condicional cuyo antecedente es la conjunción de las premisas del razonamiento y cuyo consecuente es la conclusión del razonamiento.

Si la fórmula condicional asociada a un razonamiento es una tautología, entonces el razonamiento es válido. Si no es una tautología, entonces el razonamiento no es válido.

a) El razonamiento es válido, porque $((p \to q) . p) \to q$ es una tautología (es decir, es verdadera en todos los casos).

((p	→	q)	.	p)	→	q
V	V	V	V	V	V	V
V	F	F	F	V	V	F
F	V	V	F	F	V	V
F	V	F	F	F	V	F
1	2	1	3	1	4	1

b) El razonamiento es inválido, porque $((p \to q) . q) \to p$ no es una tautología (es decir, no es verdadera en todos los casos).

((p	→	q)	.	q)	→	p
V	V	V	V	V	V	V
V	F	F	F	F	V	V
F	V	V	V	V	F	F
F	V	F	V	F	F	F
1	2	1	3	1	4	1

c) El razonamiento es válido porque $((p \rightarrow q) . \neg q) \rightarrow \neg p$ es una tautología.

((p	→	q)	.	¬	q)	→	¬	p
V	V	V	F	F	V	**V**	F	V
V	F	F	F	V	F	**V**	F	V
F	V	V	F	F	V	**V**	V	F
F	V	F	V	V	F	**V**	V	F
1	2	1	3	2	1	4	2	1

d) El razonamiento es inválido porque $((p \rightarrow q) . \neg p) \rightarrow \neg q$ no es una tautología.

((p	→	q)	.	¬	p)	→	¬	q
V	V	V	F	F	V	**V**	F	V
V	F	F	F	F	V	**V**	V	F
F	V	V	V	V	F	**F**	F	V
F	V	F	V	V	F	**V**	V	F
1	2	1	3	2	1	4	2	1

e) El razonamiento es válido, porque $((p \vee q) . \neg p) \rightarrow q$ es una tautología.

((p	v	q)	.	¬	p)	→	q
V	V	V	F	F	V	**V**	V
V	V	F	F	F	V	**V**	F
F	V	V	V	V	F	**V**	V
F	F	F	F	V	F	**V**	F
1	2	1	3	2	1	4	1

f) El razonamiento es inválido, porque $(((p \rightarrow \neg q) . (r \rightarrow \neg p)) . r) \rightarrow q$ no es una tautología.

(((p	→	¬	q)	.	(r	→	¬	p))	.	r)	→	q
V	F	F	V	F	V	F	F	V	F	V	V	V
V	F	F	V	F	F	V	F	V	F	F	V	V
V	V	V	F	F	V	F	F	V	F	V	V	F
V	V	V	F	V	F	V	F	V	F	F	V	F
F	V	F	V	V	V	V	V	F	V	V	V	V
F	V	F	V	V	F	V	V	F	F	F	V	V
F	V	V	F	V	V	V	V	F	V	V	F	F
F	V	V	F	V	F	V	V	F	F	F	V	F
1	3	2	1	4	1	3	2	1	5	1	6	1

Ejercicio 3

a)

¬	(p	→	(q	→	p)
F	V	V	V	V	V
F	V	V	F	V	V
F	F	V	V	F	F
F	F	V	F	V	F
4	1	3	1	2	1

b)

(p	v	q)	v	(¬	p	.	¬	q)
V	V	V	V	F	V	F	F	V
V	V	F	V	F	V	F	V	F
F	V	V	V	V	F	F	F	V
F	F	F	V	V	F	V	V	F
1	2	1	4	2	1	3	2	1

c)

(p	→	¬	q)	.	q
V	F	F	V	F	V

V	V	V	F	F	F
F	V	F	V	V	V
F	V	V	F	F	F
1	3	2	1	4	1

d)

¬	p	.	((q	v	¬	q)	→	q)
F	V	F	V	V	F	V	V	V
F	V	F	F	V	V	F	F	F
V	F	V	V	V	F	V	V	V
V	F	F	F	V	V	F	F	F
2	1	5	1	3	2	1	4	1

e)

p	→	(p	v	q)
V	V	V	V	V
V	V	V	V	F
F	V	F	V	V
F	V	F	F	F
1	3	1	2	1

(a) es una contradicción, (b) es una tautología; (c) y (d) son dos fórmulas contingentes y equivalentes entre sí; por último, (e) es una tautología, y por tanto, equivalente a (b).

Ejercicio 4

a)

p	→	(p	w	q)
V	F	V	F	V
V	V	V	V	F

F	V	F	V	V
F	V	F	F	F
1	3	1	2	1

b)

(p	.	(q	≡	p))	w	¬	(p	.	q)
V	V	V	V	V	V	F	V	V	V
V	F	F	F	V	V	V	V	F	F
F	F	V	F	F	V	V	F	F	V
F	F	F	V	F	V	V	F	F	F
1	3	1	2	1	4	3	1	2	1

c)

(p	≡	q)	≡	¬	(p	w	q)
V	V	V	V	V	V	F	V
V	F	F	V	F	V	V	F
F	F	V	V	F	F	V	V
F	V	F	V	V	F	F	F
1	2	1	4	3	1	2	1

d)

(q	→	p)	≡	(p	≡	q)
V	V	V	V	V	V	V
F	V	V	F	V	F	F
V	F	F	V	F	F	V
F	V	F	V	F	V	F
1	2	1	3	1	2	1

e)

(p	≡	¬	q)	w	¬	(p	v	q)
V	F	F	V	F	F	V	V	V
V	V	V	F	V	F	V	V	F
F	V	F	V	V	F	F	V	V
F	F	V	F	V	V	F	F	F
1	3	2	1	4	3	1	2	1

(a), (d) y (e) son contingentes. (a) y (e) son equivalentes. (b) y (c) son equivalentes y tautologías. Las proposiciones contradictorias implican lógicamente cualquier fórmula. Las proposiciones tautológicas son implicadas por cualquier fórmula.

Ejercicio 5

Los pares de fórmulas (a), (b), (d), (e), (g), (i), (l) y (m), son equivalentes y dos fórmulas equivalentes se implican la una a la otra. En lo que respecta al resto de los pares:

c) (¬ p . r) implica a (¬ p v ¬ r).

f) Ninguna implica a la otra.

h) (¬ (p . q)) implica a (¬ (p → q)).

j) Ninguna implica a la otra.

k) (¬ r v (p . q)) implica a (r → (p v q)).

Una fórmula A implica a una fórmula B si y sólo si todos los casos (de asignación de valores veritativos a las letras proposicionales) que hacen verdadera a A, también son casos que hacen verdadera a B. Es decir que si A implica a B, no puede haber una fila de la tabla de verdad en la que A sea V y B sea F. Sí puede haber (aunque no necesariamente) una fila en la que A sea F y B sea V.

De esta definición se sigue que si dos fórmulas son equivalentes (tienen en los mismos casos los mismos valores de verdad), se implican la una a la otra.

Sección IV

Ejercicios de integración.

Ejercicio 1: Llene los espacios en blanco con el único término que corresponda.

Las nociones relevantes son: tautología, contradicción, contingencia, validez, invalidez, verdad, proposición, oración, proposición atómica, proposición molecular.

a) Si una proposición tiene alguna conectiva lógica, entonces es una _____

b) Un contraejemplo es un razonamiento con premisas _____ y conclusión _____.

c) Toda proposición atómica es _____.
Es decir que su verdad no puede determinarse por medios exclusivamente lógicos.

d) Toda proposición tautológica es _____, ya que es verdadera por su forma.

e) La negación de una contradicción es siempre una _____.

f) Una misma _____ puede tener diferentes significados y una misma _____ puede expresarse mediante diferentes _____.

g) Toda forma_____ de razonamiento admite _____.

h) Si un razonamiento es _____ y todas sus premisas son _____ entonces su conclusión es verdadera.

i) Dado cualquier razonamiento _____ puede construirse una proposición condicional tautológica, tomando la conjunción de las premisas del razonamiento como antecedente y la conclusión del razonamiento como consecuente de la proposición.

Ejercicio 2: para pensar.

a)¿Porqué la negación de una contradicción es una tautología? ¿Ocurre lo inverso?

b) La negación de una fórmula contingente, ¿es contingente, tautológica o contradictoria?

Ejercicio 3: Verdad como correspondencia, proposiciones y validez. Indique si las siguientes afirmaciones son verdaderas o falsas.

a) Si un razonamiento es válido y su conclusión es falsa, entonces todas sus premisas son falsas.
b) Todos creen que la Tierra gira alrededor del Sol, por lo que es verdad que la Tierra gira alrededor del Sol.
c) La oración "Moreno murió asesinado" no es verdadera ni falsa, porque nadie sabe con seguridad si murió asesinado o por otra causa.
d) Una oración directiva tiene un valor de verdad indeterminado.

Ejercicio 4: ¿Cuál es el valor de verdad de cada una de las proposiciones de la derecha, dada la asignación de valores indicada en la columna de la izquierda?

a) p verdadera /q falsa / r falsa .... ¬ ((p ∨ q) . r)

b) (p . q) verdadera / r falsa .... ¬ (p → ¬ q) . (r → s)

c) p verdadera / r verdadera .... ¬ (p ∨ r) → ¬ r

d) p verdadera .... (p ∨ q) ∨ (p → ¬ q)

e) p falsa / q verdadera / r falsa..................... (p ∨ q) → r

Respuestas / Sección IV

Ejercicio 1

a) proposición molecular

b) (1) verdaderas; (2) falsa

c) contingente

d) molecular

e) tautología

f) (1) oración; (2) proposición; (3) oraciones

g) (1) inválida; (2) contraejemplos

h) (1) válido; (2) verdaderas

i) válido

Ejercicio 2

a) Una **contradicción** es una proposición cuya tabla de verdad arroja solamente el valor F, es decir, es falsa por su forma lógica, independientemente de cómo se interpreten las proposiciones atómicas que la componen: es una afirmación falsa bajo cualquier interpretación.

Una tautología es una proposición que tiene una forma lógica por la cual es verdadera bajo toda interpretación. La negación de una contradicción es una fórmula (o una oración) de la forma ¬ A (en donde A representa una proposición contradictoria cualquiera). Como A es falsa (en toda interpretación, ¬A es verdadera (en toda interpretación). Y obviamente ocurre lo inverso: si A es una tautología, entonces ¬ A es una contradicción.

b) Una fórmula contingente es verdadera en al menos una interpretación y falsa en al menos una interpretación. Por lo que su negación, al invertir los valores de verdad, también será contingente.

Compruébelo efectuando la tabla de verdad de una fórmula contingente.

Ejercicio 3

a) Falso. Si sabemos que un razonamiento es válido y su conclusión es falsa, podemos inferir que al menos una de sus premisas es falsa, pero puede ser que no sean todas falsas.

b) Falso. La verdad de una proposición (y de la oración que la expresa) es independiente de nuestro conocimiento: una proposición puede ser falsa aunque todos creamos que es verdadera. En ese caso decimos que todos estamos equivocados.

c) Falso. La oración es o bien verdadera o bien falsa, alguna de las dos y no ambas, sin importar que lo sepamos o no.

d) Falso. Una oración directiva no tiene valor de verdad porque no expresa una proposición.

Ejercicio 4

a) Verdadera.
b) Verdadera.
c) Verdadera.
d) Verdadera.
e) Falsa.

Sección V

Razonamientos inductivos.

Ejercicio 1: nociones básicas. Indique si las siguientes afirmaciones son verdaderas o falsas.

a) Si un razonamiento es inductivo, entonces sus premisas son verdaderas y su conclusión falsa.
b) Si un razonamiento es inductivo, entonces es inválido.
c) Si un razonamiento es inválido, entonces es inductivo.
d) Si un razonamiento es inductivo, entonces admite contraejemplos.
e) En un razonamiento analógico se atribuye una propiedad P a un individuo (o a un tipo de individuos) en virtud de que otros individuos (o tipos de individuos) que comparten con el primero una serie de propiedades, también tienen esta propiedad P.
f) Los razonamientos por analogía son razonamientos inductivos.
g) Si un razonamiento tiene conclusión universal, entonces es un razonamiento inductivo por enumeración incompleta.
h) Los razonamientos por enumeración completa pueden tener premisas verdaderas y conclusión falsa.

Ejercicio 2: Razonamientos analógicos y por enumeración incompleta.

(1) Identifique premisas y conclusiones en los siguientes razonamientos.
(2) Indique cuáles de los siguientes razonamientos son deductivamente válidos y cuáles inválidos; cuáles son razonamientos inductivos; cuáles son razonamientos analógicos y cuáles razonamientos por enumeración incompleta.

a) Hace un año que compro pizza en esta pizzería y todas las pizzas que compré estaban en buen estado. Por lo tanto, esta pizza está en buen estado, ya que la compre en esta pizzería.

b) Cien conejos ha sido sometidos a esta vacuna y todos respondieron generaron anticuerpos. Por lo tanto, todos los conejos deben generar anticuerpos cuando se los somete a esta vacuna.

c) Los loros comen, duermen y hablan, lo mismo que los humanos. Y los humanos piensan, así que también han de pensar los loros.

d) Si todos los loros comen duermen y hablan, entonces los loros piensan. Así que los loros piensan ya que comen, duermen y hablan.

e) En la clase de matemática somos cien alumnos. María no entendió la explicación del profesor, Juan tampoco, Ignacio tampoco y yo tampoco. Por lo tanto, nadie entendió la explicación del profesor.

f) Mi mejor amigo y yo vamos a las mismas clases, estudiamos la misma cantidad de tiempo y dormimos la misma cantidad de horas antes del examen. Él se sacó 10, así que yo también debo haber sacado un diez.

Ejercicio 3: razonamientos de contrastación empírica. Dados los siguientes grupos de enunciados:

(1) Indique si se trata de un razonamiento de contrastación. Si fuera un razonamiento de contrastación, identifique la hipótesis contrastada.

(2) Si es un razonamiento de contrastación, indique si se trata de una confirmación (o verificación o corroboración) o de una refutación.

(3) Si es un razonamiento de contrastación, indique si es válido o inválido.

a) Si los salmones identifican su río de origen por estímulos visuales, entonces si se les obstruye la vista no podrán volver a su río de origen. Los salmones con la vista obstruida no llegaron a su río de origen. Por lo tanto, identifican su lugar natal por estímulos visuales.

b) Los salmones reconocen el río en el que nacieron por su olfato, por lo tanto si se les extripan las glándulas olfativas no llegarán a su río natal.

c) Si los salmones identifican su río de origen por estímulos visuales, entonces si se les obstruye la vista no podrán volver a su río de origen. Los salmones con la vista obstruida llegaron a su río de origen. Por lo tanto, no identifican su lugar natal por estímulos visuales.

d) Si los salmones desovan en su río de origen, entonces regresan a tal río gracias a su olfato. Los salmones desovan en su río de origen. Por lo tanto, regresan al río gracias a su olfato.

e) Si los salmones reconocen su río de origen por estímulos olfativos, entonces si se les extripan las glándulas olfativas, no llegarán a su río de origen. Los salmones sin glándulas olfativas no llegaron a su río de origen. Por lo tanto, reconocen su lugar natal por estímulos olfativos.

Respuestas / Sección V

Ejercicio I

a) Falsa. Hay razonamientos inductivos con premisas verdaderas y conclusión verdadera, con premisas verdaderas y conclusión falsa, con premisas falsas y conclusión verdadera y con premisas falsas y conclusión falsa. El razonamiento inductivo es un tipo de razonamiento inválido, por lo que tiene las propiedades de los razonamientos inválidos.

b) Verdadera. Todos los razonamientos inductivos son inválidos.

c) Falsa. Hay razonamientos inválidos que no son inductivos. Un razonamiento inductivo es un tipo especial de razonamiento inválido, en el que las premisas dan cierto apoyo (aunque no concluyente) a la conclusión.

d) Verdadera. Puesto que todo razonamiento inválido admite contraejemplos.

e) Verdadera. Así se define a los razonamientos por analogía.

f) Verdadera. Por lo general se llama inductivos a todos los razonamientos que son deductivamente inválidos pero en los que las premisas dan cierto apoyo (probable o no concluyente) a la conclusión. Aunque cabe advertir que algunos autores hacen otra clasificación, conservando el nombre de "inductivos" solamente para los razonamientos por enumeración incompleta.

g) Falsa. Cualquier razonamiento inductivo puede tener conclusión universal, no sólo los razonamientos por enumeración incompleta. Por ejemplo, el siguiente razonamiento por analogía:

"Todos los gatos siameses se parecen a los perros en que tienen cuatro patas, son buenos compañeros de sus dueños y les gusta la compañía humana. Todos los perros disfrutan de ser acariciados con palmaditas en la espalda, por lo tanto, los gatos siameses también disfrutan de ser acariciados con palmaditas en la espalda."

Además, es muy importante señalar que también hay razonamientos deductivos con conclusión universal, por ejemplo el siguiente:

"Todos los porteños son argentinos y todos los argentinos son americanos. Por lo tanto, todos los porteños son americanos."

h) Falsa. Un razonamiento por enumeración completa afirma en su conclusión que todos los miembros de una clase o conjunto tienen una propiedad P, sobre la base de sus premisas, que son una enumeración exhaustiva de los miembros de la clase en cuestión y en las que se atribuye a cada uno de ellos la propiedad P. No es posible que cada uno de los miembros de la clase tenga la propiedad P y que, sin embargo, no sea cierto que todos ellos tengan la propiedad P.

Ejercicio 2

a) (1) Premisas: 1. Hace un año que compro pizza en esta pizzería y todas las pizzas que compré estaban en buen estado. 2. Compre [esta pizza] en esta pizzería.

Conclusión: esta pizza está en buen estado

(2) Este razonamiento es inductivo, y por tanto, inválido. Nótese que la conclusión no es universal, sino particular. Se afirma que una pizza tiene una propiedad sobre la base de que otras pizzas (pero no todas) del mismo tipo también tienen esa propiedad. Por lo que se trata de un razonamiento por enumeración incompleta.

b) (1) Premisa: Cien conejos ha sido sometidos a esta vacuna y todos respondieron generaron anticuerpos.

Conclusión: todos los conejos deben generar anticuerpos cuando se los somete a esta vacuna.

(2) Es un razonamiento inductivo (inválido) por enumeración incompleta, ya que se afirma algo acerca de todos los conejos, sobre la base de afirmaciones acerca de allgunos conejos, pero no todos.

c) (1) Premisas: 1. Los loros comen, duermen y hablan, lo mismo que los humanos. 2. los humanos piensan.

Conclusión: también han de pensar los loros.

(2) Es un razonamiento por analogía, y por tanto, inválido. Los razonamientos por analogía son un tipo de razonamientos inductivos, de modo que este razonamiento en particular es un razonamiento inductivo.

d) (1) Premisas: Si todos los loros comen duermen y hablan, entonces los loros piensan. 2. [todos los loros] comen, duermen y hablan.

Conclusión: los loros piensan.

(2) Es un razonamiento válido. Su forma lógica se llama Modus Ponens.

e) (1) Premisas: En la clase de matemática somos cien alumnos. María no entendió la explicación del profesor, Juan tampoco, Ignacio tampoco y yo tampoco.

Conclusión: nadie entendió la explicación del profesor.

(2) Se trata de un razonamiento inductivo por enumeración incompleta. Por tanto, es un razonamiento inválido.

f) (1) Premisas: 1. Mi mejor amigo y yo vamos a las mismas clases, estudiamos la misma cantidad de tiempo y dormimos la misma cantidad de horas antes del examen. 2. Él se sacó diez.

Conclusión: yo también debo haber sacado un diez.

(2) Es un razonamiento inválido, en particular, un razonamiento (inductivo) por analogía. Se establece una analogía entre dos alumnos que tienen algunas propiedades en común y de allí se infiera que una propiedad que tiene uno de ellos, también es una propiedad común a amobos.

Ejercicio 3
Explicación general

Todos los razonamientos de confirmación de hipótesis se pueden reducir a esta forma, que se llama falacia de afirmación del consecuente y es inválida:

$H \rightarrow CO$ H = Hipótesis (o conjunto de hipótesis + hip. auxiliares)
CO CO = Consecuencia observacional

H

Todos los razonamientos de refutación de hipótesis se pueden reducir a esta forma, que se llama Modus Tollens y es válida:

$H \rightarrow CO$
$\neg CO$

$\neg H$

Como puede verse, los razonamientos de contrastación tienen dos premisas: 1) una premisa condicional, en la que se establece una relación de implicación lógica entre la hipótesis H y su consecuencia observacional CO. Y 2) una premisa en la que se afirma CO (si se trata de una confirmación) o bien se niega CO (si se trata de una refutación).

La consecuencia observacional (CO) es un enunciado cuya verdad o falsedad se puede establecer sobre la base de una observación o un experimento. Hempel llama "implicación contrastadora" a CO.

Los razonamientos de confirmación de hipótesis son inductivos porque son inválidos y la verdad de sus premisas dan cierto apoyo a la verdad de su conclusión. De allí que se llame *inductivismo* a la corriente confirmacionista de Hempel y Carnap.

a) (1) Es un razonamiento de contrastación. La hipótesis contrastada es : "los salmones identifican su río de origen por estímulos visuales". Es un razonamiento de confirmación, por lo que es deductivamente inválido.

b) (1) No es un razonamiento de constrastación. Es un razonamiento en el que se extrae una consecuencia observacional de una hipótesis. La premisa del razonamiento es la hipótesis "Los salmones reconocen el río en el que nacieron por su olfato" y la conclusión es la implicación contrastadora: "si se les extripan las glándulas olfativas no llegarán a su río natal".

c) Es un razonamiento de contrastación y en particular, una refutación. La hipótesis refutada es "los salmones identifican su río de origen por estímulos visuales". El razonamiento es válido, es un caso de Modus Tollens.

d) (1) El razonamiento no es un razonamiento de contrastación. Es un caso de Modus Ponens.

e) Es un razonamiento de contrastación, en el que se confirma la hipótesis "los salmones reconocen su río de origen por estímulos olfativos". Como todo razonamiento de confirmación, es inválido.

Sección VI

Sistemas axiomáticos.

Ejercicio 1: nociones básicas. Indique si los siguientes enunciados son verdaderos o falsos.

a) Los axiomas de un sistema se aceptan sin demostración.
b) Los términos primitivos se definen a partir de los teoremas.
c) Los teoremas son consecuencias lógicas de los axiomas.
d) Una demostración es una secuencia finita de enunciados donde cada uno de ellos es un axioma o es una consecuencia lógica de otros enunciados anteriores, en virtud de una regla de inferencia.
e) Los términos definidos se definen a partir de los teoremas.
f) Los términos definidos se definen a partir de los términos primitivos.

Ejercicio 2: Propiedades de los sistemas axiomáticos. Complete las siguientes oraciones con el/los término/os que corresponda.

a) Un sistema es _____ si no se puede derivar a partir de sus axiomas una _____, es decir, la conjunción de una fórmula y su negación.
b) De allí que para probar la _____ de un sistema basta con demostrar como teoremas una fórmula y su negación.
c) Si un axioma puede derivarse de otros axiomas (del mismo sistema), entonces ese axioma no es _____.
d) Un sistema es _____, cuando dada una fórmula cualquiera del lenguaje en cuestión y dada la negación de esa fórmula, al menos una de las dos puede demostrarse como teorema del

sistema. Si ambas pueden demostrarse en el sistema, el sistema no deja de ser _____, aunque no es _____.

Respuestas / Sección VI

Ejercicio 1
a) **Verdadero.** Todos los teoremas del sistema se demuestran usando los axiomas como únicas "premisas".
b) **Falso.** Los términos primitivos no se definen, justamente por eso se los llama así, en oposición a los términos definidos.
c) **Verdadero.** Una fórmula es un teorema del sistema si existe una derivación que parta sólo de axiomas (sin premisas adicionales) y que llegue, por medio de reglas de inferencia, a dicha fórmula.
d) **Verdadero.** Es la definición de demostración.
e) **Falso.** Los términos definidos se definen a partir de los primitivos, a modo de abreviaciones.
f) **Verdadero.**

Ejercicio 2
a) (1) consistente; (2) contradicción
b) inconsistencia
c) independiente
d) (1) completo; (2) completa; (3) consistente.

Apéndice I

Conectivas lógicas

Hemos elegido la siguiente convención para las conectivas lógicas:

Conjución: .... "." ....
("y", "pero", "aunque", etc.)
Disyución (inclusiva): .... "v".......................................
("o", "o bien...o bien...")
Condicional: ...."→".......................("si...entonces...",
"si..., ...", "cuando...,...")
Negación: ...."¬"..........................("no", "es falso
que", "no es el caso que")
Bicondicional: .... "≡"...................................
.................("si y sólo sí")
Disyunción exclusiva: .... "w" ....("o bien...o
bien...pero no ambas")

¬ A es verdadera si y sólo si **A** es falsa.

A	¬A
F	V
V	F

(**A . B**) es verdadera si y sólo si **A** es verdadera y **B** es verdadera.

A	B	A . B
V	V	V
V	F	F
F	V	F
F	F	F

(**A v B**) es falsa si y solo si **A** es falsa y **B** es falsa.

A	B	A v B
V	V	V
V	F	V
F	V	V
F	F	F

(**A w B**) es falsa si y sólo si **A** es verdadera y **B** falsa.

A	B	A w B
V	V	V
V	F	F
F	V	V
F	F	V

(**A w B**) es verdadera si y sólo si **A** y **B** no tienen el mismo valor de verdad.

A	B	A w B
V	V	F
V	F	V
F	V	V
F	F	F

(**A ≡ B**) es verdadera si y sólo si **A** y **B** tienen el mismo valor de verdad.

A	B	A ≡ B
V	V	V
V	F	F
F	V	F
F	F	V

Apéndice II

Reglas de inferencia

Compare las tablas de verdad de las conectivas con las reglas de inferencia, ¿puede ver por qué estas reglas son formas válidas de razonamiento?

Modus Ponens (MP)	Modus Tollens (MT)	Silogismo hipotético (SH)
A → B	A → B	A → B
A	¬ B	B → C
B	¬ A	A → C

Silogismo Disyuntivo (SD)	Silogismo Disyuntivo (SD)
A ∨ B	B ∨ A
¬ A	¬ A
B	B

Conjunción (Conj.)	Simplificación (Simp.)	Simplificación (Simp.)
A	A . B	A . B
B		
A . B	A	B

Doble negación (DN)	Doble negación (DN)	Absurdo (Abs.)
A	¬ ¬ A	A
¬ ¬ A	A	↓
		B . ¬ B
		¬ A

www.ingramcontent.com/pod-product-compliance
Lightning Source LLC
Chambersburg PA
CBHW021222020426
42331CB00003B/429